AF338922

NOTICE SUR LES ÉCRITS

DE

LOUIS-NAPOLÉON BONAPARTE [1]

Louis-Napoléon Bonaparte a pris rang parmi les penseurs et les écrivains de notre époque. Le mérite de ses écrits doit déterminer son rang sur l'échelle commune des réputations du même ordre ; mais, malgré leur nombre, ils ne sont la plupart qu'insuffisamment connus, soit que les fatalités politiques qui ont pesé sur l'auteur leur suscitent des préventions, soit que la grandeur historique de son nom les efface. Cependant il faut admettre, d'une part, qu'il y a quelque chose au-dessus même du succès ou de l'insuccès, et que, de l'autre, le nom de Napoléon est un nom trop éminemment composé de puissance réelle pour qu'il n'importe pas de savoir si ceux qui en ont hérité justifient sa prodigieuse recommandation par quelques-unes des qualités qui l'ont élevé. Vis-à-vis de Louis-Napoléon, à part donc toute considération étrangère, il y a une question de justice intellectuelle. Le hasard lui a donné son nom : peut-être aussi le hasard a-t-il fait sa mauvaise fortune. Ici et toujours il faut voir ce que vaut l'homme. Nous croyons, quant à nous, que l'homme vaut et qu'il a donné les preuves de sa valeur ; nous avons lu ses écrits, nous en avons retiré cette sincère conviction, et nous pensons que ceux qui feront ce que nous avons fait seront amenés à la partager.

---

[1] Extrait des *OEuvres complètes de Louis-Napoléon*, publiées par M. Ch.-Ed. Temblaire, 56, rue Neuve-des-Petits-Champs.

A ce point de vue de justice intellectuelle, nous donnons une édition complète des œuvres de Louis-Napoléon. Ces œuvres sont éparses : publiées, les unes en Suisse, les autres en France, beaucoup sont difficiles même à trouver. Leur nomenclature analytique, que nous consignons ici, peut justifier et expliquer la pensée que nous avons eue d'en opérer la réunion.

Rêveries politiques. — Cet écrit, qui forme une petite brochure, est la première publication de Louis-Napoléon. Il consiste en un projet de constitution, précédé de quelques développements préliminaires en forme d'exposé des motifs.

Ce travail remonte à 1832, époque à laquelle tout le monde en France se piquait d'avoir en poche, pour le besoin des circonstances, une ou plusieurs formules de constitution politique. Louis-Napoléon eut la tentation, comme tant d'autres, de livrer ses propres réflexions au cours de ce mouvement de la pensée publique, et on peut dire au moins qu'il le fit de manière à révéler un esprit déjà nourri de fortes études, très-laborieusement et très-exactement instruit des questions, et servi par ces facultés éminemment positives et par cette générosité d'inspirations qui sont devenues aujourd'hui son trait caractéristique.

L'esprit fondamental de ce projet est la conciliation de la liberté et de l'autorité, du progrès et de la stabilité, de ces éléments en un mot qui se font antagonisme par leurs tendances, et dont la combinaison dans une proportion convenable est l'effort des siècles.

La solution proposée est celle-ci :

Le peuple ayant la souveraineté réelle, et organisé comme source élective, comme contrôle et comme rectification de tous les pouvoirs;

Deux chambres composant le pouvoir législatif, dont l'une librement élue, et dont l'autre élue encore, mais à de certaines conditions de services rendus ou d'expérience acquise de la part des éligibles ;

L'autorité exécutive confiée à un empereur, et transmissible héréditairement, sous la réserve de la sanction du peuple à chaque transmission.

« Je voudrais, dit l'auteur en expliquant ces bases constitu-
« tionnelles, un gouvernement qui procurât tous les avantages
« de la république sans entraîner les mêmes inconvénients,
« un gouvernement qui fût fort sans despotisme, libre sans
« anarchie, indépendant sans conquêtes. »

La donnée vivante du problème qu'il se pose, l'élément concret de la constitution qu'il esquisse ainsi, est, selon l'avis de Louis-Napoléon, le fils de l'Empereur, qui vivait encore en 1832.

« Je crois, dit-il, qu'on ne parviendra au but qu'en réunis-
« sant les deux causes populaires de Napoléon II et de la répu-
« blique. Le fils du grand homme est le représentant de la plus
« grande gloire, comme la république celui de la plus grande
« liberté. Avec le nom de Napoléon on ne craindra plus le re-
« tour de la terreur ; avec le nom de la république on ne crain-
« dra plus le retour du pouvoir absolu. »

Ces idées, qui sont un fruit de jeunesse, et que Louis-Napoléon a le soin modeste de déclarer lui-même non suffisam-
ment mûries par l'expérience, témoignent au moins du genre
d'éducation de l'auteur, et de la nature parfaitement libre et
philosophique des points de départ que cette éducation a
fournis à son activité d'esprit.

Il y a deux points encore dans l'écrit dont il s'agit qui méritent d'être mentionnés, parce qu'ils sont restés comme le
pivot autour duquel se sont mus et se développent fidèlement la
conduite et les travaux du neveu de l'Empereur.

L'un de ces points est relatif au droit de la nation quant aux
formes de gouvernement, et il n'est pas sans intérêt de voir
combien les idées émises en cette matière par lui sont exclusi-
ves des prétentions de légitimité impériale qu'on lui a quelque-
fois attribuées, et de constater qu'à cet égard ses professions
de foi récentes ne sont que l'invariable et sincère confirmation
de ses premières manifestations politiques et intellectuelles.

« Chacun se fait, dit-il dans son écrit, un beau idéal de gou-
« vernement, croyant telle ou telle forme mieux appropriée à
« la France ; cependant la conséquence des principes de liberté
« est de reconnaître qu'au-dessus des convictions partielles il
« y a un juge suprême qui est le peuple. C'est à lui à décider
« de son sort, c'est à lui à mettre d'accord tous les partis, à
« empêcher la guerre civile et à proclamer hautement et li-
« brement sa volonté suprême. Voilà le point où doivent se
« rencontrer tous les bons Français, de quelque parti qu'ils
« soient, tous ceux qui veulent le bonheur de la patrie et non
« simplement le triomphe particulier de leurs doctrines. Que
« ceux des carlistes qui suivent les idées généreuses de Châ-
« teaubriant, que ceux des orléanistes qui ne sont pas irre-
« médiablement enchaînés à des intérêts de personne et de
« famille, que tous les républicains et les napoléonistes se réu-
« nissent devant l'autel de la patrie pour attendre la décision
« du peuple : alors nous présenterons à l'Europe le spectacle
« imposant d'une grande nation qui se constitue sans excès et
« qui marche à la liberté sans désordre. »

L'autre point est relatif à la question du paupérisme, de-
venue depuis l'objet d'une publication spéciale de Louis-

Napoléon, et qui, dès 1832, avait place parmi ses préoccupations les plus arrêtées et les plus sympathiques.

« Les secours publics, porte son projet de constitution, sont « une dette sacrée. La société doit la subsistance aux citoyens « malheureux, soit en leur procurant du travail, soit en assu- « rant les moyens d'exister à ceux qui sont hors d'état de tra- « vailler. »

Considérations politiques et militaires sur la Suisse. — Cette brochure, qui comprend une centaine de pages, fut publiée en 1833, c'est-à-dire à un an seulement d'intervalle de celle dont nous venons de parler. Son titre indique son sujet, l'examen de l'organisation politique et militaire de la Suisse.

Les *Rêveries politiques* avaient été pour le neveu de l'Empereur une étude sur l'abstrait. Il s'agit ici d'une étude sur le vif ; le bon sens de l'auteur, sa rectitude de vues, ses aptitudes positives s'y développent avec un caractère qui marque sa vocation. On le reconnaît sur son terrain, cherchant sa voie dans la tradition intellectuelle de Napoléon, son oncle et son modèle, plus spéculatif que la pratique, et plus pratique que la spéculation, s'efforçant d'allier déjà la hardiesse et la réserve de l'esprit, l'intelligence de l'ensemble et la connaissance des détails, dans la fécondité de ce moyen terme qui a été le cachet de l'Empire et qui a fait sa puissance.

Ce que nous disons ici de la manière de penser et d'écrire de Louis-Napoléon ne doit pas être considéré comme un éloge quelconque. Que ses écrits soient plus forts ou moins forts, on y peut constater toujours l'influence et, jusqu'à un certain point, la reproduction du même type ; c'est là leur qualité, ou, si l'on aime mieux, c'est là leur niveau distinctif. On sent que l'idée jaillit, quelle que soit la puissance du jet, du point juste où la théorie et l'application, heureusement mariées l'une à l'autre, font couler dans le même lit leurs exigences si souvent antipathiques.

Sur la double question politique et militaire qu'il traite, Louis-Napoléon s'inspire des précédents de la Suisse, de ses mœurs, de ses ressources, de sa géographie, de sa statistique, etc. C'est sur ces données qu'il fonde ses critiques de ce qui est ou qu'il établit les solutions qu'il propose.

« Il est impossible, dit-il en expliquant sa méthode, de « reconnaître un système bon pour tous les peuples ; et vou- « loir étendre indistinctement à tous les mêmes institutions, « est une idée fausse et malheureuse. Chaque nation a ses « mœurs, ses habitudes, sa langue, sa religion ; chacune a son « caractère particulier, un intérêt différent qui dépend de sa « position géographique ou de sa statistique. S'il y a des

« maximes bonnes pour tous les peuples, il n'y a pas de sys-
« tème bon pour tous. »

Ici, Louis-Napoléon, faisant un retour vers la France, ajoute
les réflexions suivantes, qui n'ont pas vieilli et qui conservent
la plus grande partie de leur à-propos :

« Suivant les besoins du moment, les hommes tournent leurs
« regards ou vers le passé ou vers l'exemple d'un peuple
« étranger. S'ils se bornaient à n'imiter chez leurs voisins que
« les institutions qui peuvent leur convenir, ils ne suivraient
« en cela que les lois de la sagesse ; mais trop souvent, quand
« on copie, on adopte jusqu'aux défauts. En 1815, en France,
« on ne rêvait que le gouvernement anglais ; aujourd'hui on
« ne rêve que le gouvernement américain, quoique nous ne
« soyons ni Anglais ni Américains. Nous ne sommes pas An-
« glais, parce que depuis 89 nous n'avons plus d'aristocratie ;
« parce que nous ne sommes pas entourés d'une mer qui à
« elle seule protége notre indépendance ; parce que nous
« n'avons ni les mêmes mœurs, ni le même climat, ni le même
« caractère, ni les mêmes qualités, ni les mêmes défauts, ni
« par conséquent les mêmes besoins. Nous ne sommes pas
« non plus Américains, parce que nous sommes 32 millions
« d'hommes sur 20,000 lieues carrées, tandis que les États-
« Unis d'Amérique n'ont que 10 millions sur 280,000 lieues
« carrées ; parce que l'Amérique est un pays neuf, où les
« terres à exploiter sont immenses et où toutes les facultés
« se portent vers le commerce et l'agriculture ; parce qu'elle
« n'a pas ces populations industrielles dont l'existence pré-
« caire est un sujet de crainte et de difficulté pour tout gou-
« vernement en France, ni ces partis acharnés qui, oubliant
« qu'ils sont fils d'une même patrie, se haïssent mortellement
« et ébranlent sans cesse le gouvernement pour le remplacer
« par un autre plus en rapport avec leurs opinions et leurs
« intérêts ; parce qu'enfin les États-Unis n'ont pas autour
« d'eux des voisins inquiets et redoutables qui hérissent de
« baïonnettes leurs frontières dès que le mot de liberté a
« retenti à leurs oreilles. »

Quant au fond même du travail, qu'en dirons-nous pour ne
pas excéder les bornes d'une notice ? Rien, si ce n'est qu'il
devait faire impression par la maturité des idées, par la saga-
cité des appréciations, par la connaissance singulièrement
exacte des faits militaires et politiques, par la science des
analogies, par leur discussion et par leur application, et qu'il
fit, en effet, impression en Suisse et en France.

En Suisse, cette publication mérita à son auteur une dis-
tinction qu'on ne prodigue pas et dont s'étaient trouvés hono-
rés, avant lui, le maréchal Ney, après l'acte de médiation où il

intervint comme plénipotentiaire français, et M. de Metter-
nich, en 1815, sous l'influence de la réaction : le gouvernement helvétique lui décerna à l'unanimité, le titre de citoyen
honoraire.

Manuel d'artillerie. — Ce nouvel ouvrage parut en
1835 ; il forme un volume très-fort et très-compacte qu'on ne
rencontre presque plus, ou qu'on n'obtient du moins qu'en le
payant jusqu'à dix fois son prix d'édition.

En Suisse, il se tient chaque année, à Thoune, un camp
pour l'instruction des officiers d'artillerie et du génie. Les
exercices de ce camp ont été l'école de Louis-Napoléon. Pendant tout son séjour en Suisse, il y prit part avec une ardeur
extraordinaire, se distinguant entre ses compagnons d'armes
par son aptitude à toutes les manœuvres. En 1834, le gouvernement helvétique lui conféra le grade de capitaine d'artillerie. Une année plus tard, le neveu de l'Empereur payait
royalement sa dette à l'hospitalité empressée de la Suisse par
la publication de son *Manuel d'artillerie,* fait pour l'armée helvétique et dédié aux officiers du camp de Thoune.

L'ouvrage dont il s'agit a pris place parmi les livres militaires les plus justement classiques. Il suffit de le compulser
pour comprendre quelle variété de connaissances, quelle
effrayante patience de recherches, quelle application laborieuse
il a dû exiger. Administration militaire pour l'organisation du
personnel et du matériel des corps d'artillerie, dans leurs rap-
ports de nombre, de marche et d'entretien avec le reste de
l'armée ; science technique et précise des manœuvres pour le
formulaire pratique qui en est donné ; tactique et haute science
de la guerre pour l'usage de l'artillerie dans les batailles ;
science du génie pour l'application de l'artillerie à la défense
ou à l'attaque des places ; mathématiques pour le tir ; chimie
pour la fabrication de la poudre et pour la composition des
artifices ; mécanique et métallurgie pour la construction des
instruments d'artillerie ; érudition militaire pour la statistique, pour la comparaison des procédés, pour l'appréciation
des perfectionnements : tout cela est entré dans le *Manuel
d'artillerie* et y a fourni son chapitre. Il n'est pas même jusqu'à l'art du dessin, pour la confection d'un grand nombre de
planches, qui n'y ait trouvé son utile emploi.

Pour rendre complétement justice à l'auteur du *Manuel d'artillerie,* il faut réfléchir que cet ouvrage a été fait dans un coin
de la Suisse, loin de tout centre de population et d'idées, sans
aucune de ces facilités qui sont à l'usage ordinaire de ceux
qui écrivent, et qu'il est dû à l'effort isolé et au travail soli-
taire d'un homme condamné à tirer tout de lui-même.

La publication du *Manuel d'artillerie,* venant après deux

écrits déjà remarqués du neveu de l'Empereur, attira sur lui de plus en plus l'attention.

Idées napoléoniennes. — De 1835 à 1839, il y a interruption dans les publications de Louis-Napoléon ; son activité est appliquée ailleurs. Cet intervalle est rempli pour lui par la tentative de Strasbourg, par sa translation en Amérique, par son retour en Europe, par la mort de sa mère, par les débats que son séjour en Suisse soulève entre ce pays et la France ; enfin par son établissement en Angleterre. En 1839, après beaucoup de vicissitudes et d'agitations, le neveu de l'Empereur se retrouve à Londres à peu près tranquille, et pouvant reprendre le cours de ses labeurs intellectuels ; c'est de là qu'il publie les *Idées napoléoniennes.*

Aucun écrit de Louis-Napoléon n'est plus connu que celuici ; aucun n'a produit plus d'éclat ni excité plus de curiosité. Tous les journaux, en France et à l'étranger, l'ont commenté et discuté. Cependant, en dépit de cette grande notoriété, on peut dire qu'aucun de ses écrits n'est plus généralement mal jugé.

Au moment de la publication, Louis-Napoléon avait un caractère politique, une position, des projets plus ou moins pressentis. Pour les uns, c'était un ennemi à combattre ; pour d'autres, c'était un compétiteur à écarter ; pour personne, ce ne fut un auteur à traiter avec impartialité. On ne chercha pas dans son ouvrage ce qui s'y trouvait réellement ; on ne voulut y voir que ce qu'on avait intérêt à y faire voir. L'opinion qu'on se fit alors dans tous les partis est à reviser aujourd'hui.

Les *Idées napoléoniennes* sont tout simplement une étude sur l'Empire, donnant l'explication de son esprit, l'analyse de ses institutions, la nomenclature de ses créations, ses principes, ses moyens, ses obstacles, son but définitif et ses exigences transitoires.

L'Empire a été attaqué, d'une part, comme un régime de despotisme, hostile par là à l'esprit moderne qui veut la liberté parce qu'il la comporte, et, de l'autre, comme un régime de guerre incompatible avec les intérêts nouveaux qui ont besoin de la paix pour leur développement.

Louis-Napoléon répond surtout à ces deux griefs, et démontre que si la guerre et la dictature se sont trouvées dans les nécessités de l'Empire, la paix seule et la liberté étaient dans ses volontés.

Il s'exprime ainsi quant à la liberté :

« La liberté n'était pas, dit-on, assurée par les lois impéria-
« les ! Son nom n'était pas, il est vrai, en tête de toutes les lois,
« ni affiché à tous les carrefours ; mais chaque loi de l'Empire
« en préparait le règne paisible et sûr.

« Quand dans un pays il y a des partis acharnés les uns
« contre les autres, des haines violentes, il faut que ces partis
« disparaissent, que ces haines s'apaisent, avant que la liberté
« soit possible.

« Quand dans un pays démocratisé, comme l'était la France,
« le principe d'égalité n'est pas appliqué généralement, il
« faut l'introduire dans toutes les lois avant que la liberté soit
« possible.

« Lorsqu'il n'y a plus ni esprit public, ni religion, ni foi
« politique, il faut recréer au moins une de ces trois choses
« avant que la liberté soit possible.

« Lorsque des changements successifs de constitution ont
« ébranlé le respect dû à la loi, il faut recréer l'influence lé-
« gale avant que la liberté soit possible.

« Lorsque les anciennes mœurs ont été détruites par une
« révolution sociale, il faut en recréer de nouvelles d'accord
« avec les nouveaux principes avant que la liberté soit pos-
« sible.

« Quand le gouvernement, quelle que soit sa forme, n'a plus
« ni force, ni prestige, que l'ordre n'existe ni dans l'admi-
« nistration, ni dans l'Etat, il faut recréer le prestige, rétablir
« l'ordre, avant que la liberté soit possible.

« Lorsque dans un pays il n'y a plus d'aristocratie, et qu'il
« n'y a d'organisé que l'armée, il faut reconstituer un ordre
« civil basé sur une organisation précise et régulière avant
« que la liberté soit possible.

« Enfin, lorsqu'un pays est en guerre avec ses voisins et qu'il
« renferme encore dans son sein des partisans de l'étranger,
« il faut vaincre ses ennemis et se faire des alliés sûrs avant
« que la liberté soit possible.

« Il faut plaindre les peuples qui veulent récolter avant d'a-
« voir labouré le champ, ensemencé la terre, et donné le
« temps à la plante de germer, d'éclore et de mûrir.

« Le gouvernement de Napoléon, plus que tout autre, au-
« rait pu supporter la liberté, parce que Napoléon avait établi
« en France tout ce qui doit précéder la liberté, parce que
« son pouvoir reposait sur la masse entière de la nation, parce
« que ses intérêts étaient les mêmes que ceux du peuple,
« parce qu'enfin la confiance la plus entière régnait entre les
« gouvernants et les gouvernés. »

Quant à la paix, l'auteur prouve victorieusement deux
choses :

1° C'est qu'en fait l'Empire a toujours été provoqué dans
les guerres qu'il a soutenues ;

2° C'est qu'en soutenant ces guerres qui lui étaient impo-
sées, sa pensée aujourd'hui incontestable était d'obtenir la

pacification définitive de l'Europe par l'établissement complet de son équilibre et de sa géographie politique.

« Toutes nos guerres, dit-il, sont venues de l'Angleterre,
« qui n'a jamais voulu entendre aucune proposition de paix.
« La politique de l'Empereur consistait à fonder une associa-
« tion européenne solide, en faisant reposer son système sur
« des nationalités complètes et sur des intérêts généraux sa-
« tisfaits ; mais, pour arriver là, il fallait amener l'Angleterre
« et la Russie à seconder franchement ses vues. »

Malgré ces appréciations et une foule d'autres du même genre qui prouvent l'esprit sage et large dans lequel ont été écrites les *Idées napoléoniennes*, il en est qui n'ont voulu voir et qui persistent à ne voir dans cette publication que le programme d'un retour désiré au régime littéral du temps de l'Empire.

Voici la réponse extraite du livre même :

« Le génie de notre époque n'a besoin que de la simple
« raison. Il y a trente ans, il fallait deviner et préparer ;
« maintenant il ne s'agit que de voir juste et de recueillir. On
« ne saurait copier ce qui s'est fait, parce que les imitations
« ne produisent pas toujours les ressemblances. En lisant
« l'histoire des peuples, il faut en tirer des principes géné-
« raux sans s'astreindre servilement à suivre pas à pas une
« trace qui n'est pas empreinte sur le sable, mais sur un ter-
« rain plus élevé, les intérêts de l'humanité. Copier dans les
« détails, au lieu de copier dans son esprit, un gouvernement
« passé, ce serait agir comme un général qui, se trouvant
« sur un champ de bataille où vainquit Napoléon ou Frédé-
« ric, voudrait s'assurer le succès en répétant les mêmes ma-
« nœuvres ! »

Il s'agit donc ici d'un livre à relire, parce qu'il a générale-ment été lu sous l'influence de préventions. Nous devons ajou-ter que, quand on voudra le lire sans prévention, on ne le lira pas sans intérêt et sans fruit ; on y trouvera une rare intelli-gence de l'époque impériale, plus profondément étudiée qu'elle ne l'a encore été dans aucune publication, et réduite aux for-mules les plus nettes qu'on puisse en donner ; on y trouvera des pensées élevées, des aperçus d'une grande portée, des pages éloquentes ; on y trouvera de l'admiration, comme tout le monde en France en a pour l'Empereur et comme il ne peut pas sans doute être interdit à son neveu d'en avoir, mais on y trouvera aussi une bonne foi absolue ; on y trouvera, en un mot, tout ce qui constitue une production éminente et tout ce qui peut, dans les meilleures conditions, faire rendre justice à son auteur.

Fragments historiques. — Cet écrit, d'un demi-volume à peu près, est de 1841, postérieur par conséquent à la tentative de Boulogne. C'est la première protestation de Louis-Napoléon contre sa mauvaise fortune. Tous ses ouvrages antérieurs avaient été écrits en exil ; celui-ci commence une nouvelle série qui sera écrite de la prison de Ham.

Le sujet des *Fragments historiques* est le rapprochement des analogies et des différences que présentent entre elle les révolutions de France et d'Angleterre de 1830 et de 1688. C'est, par conséquent, de l'histoire mêlée de politique.

« Pendant qu'à Paris, dit l'auteur dans sa préface, on déifie
« les restes mortels de l'Empereur, moi, son neveu, je suis
« enterré vivant dans une étroite enceinte ; mais je me ris de
« l'inconséquence des hommes et remercie le ciel de m'avoir
« donné pour refuge, après tant d'épreuves cruelles, une pri-
« son sur le sol français. Soutenu par une foi ardente et par
« une conscience pure, je m'enveloppe avec résignation dans
« mon malheur ; il me suffit de prouver que si je me suis em-
« barqué sur une mer orageuse, ce n'est pas sans avoir d'a-
« vance médité profondément sur les causes et les effets des
« révolutions, sur les écueils de la réussite comme sur les
« goûffres du naufrage, et je me console du présent en voyant
« l'avenir de mes ennemis écrit en caractères ineffaçables dans
« l'histoire des peuples. »

Ces quelques lignes indiquent tout à la fois l'intention des *Fragments historiques* et la nature de leurs conclusions.

Cet ouvrage, qui n'est pas par le fond le plus important des ouvrages de Louis-Napoléon, est peut-être, par la forme, le plus littéraire de ses écrits. L'élégante sobriété du style, sa plénitude concise, son mouvement et sa symétrie, font de ce demi-volume quelque chose qui ne déparerait pas les travaux de nos meilleurs prosateurs.

Analyse de la question des sucres. — Ce travail de Louis-Napoléon, publié en 1842, est la meilleure des innombrables dissertations dont la question des sucres ait été l'objet.

Le concours a été longtemps et très-largement ouvert. Tous les hommes spéciaux, fabricants, colons ou économistes, y ont apporté leur effort et y ont dit leur mot. Or il se trouve que la palme est restée à celui de tous qui semblait dans les moins bonnes conditions, à un homme qui était aussi peu spécial que possible, ni fabricant, ni colon, à un prisonnier privé de la faculté d'observer les faits dans leur sphère et de se renseigner aux sources.

Voici deux faits qui prouvent que ce que nous disons de la supériorité de ce travail doit être pris à la lettre :

Quand la dissertation de Louis-Napoléon parut, le comité délégué par les propriétaires de toute la France pour s'occuper des intérêts de la fabrication indigène fut tellement frappé de la force et des lumières qu'elle apportait dans le débat, qu'il l'adopta comme la plus efficace défense qui pût être présentée à son point de vue, et que par ses soins elle fut envoyée, bien que portant un nom qui devait rencontrer plus de préventions que de faveurs dans le monde officiel, à tous les pairs de France, à tous les députés, aux préfets, aux membres de tous les conseils généraux des départements, aux sociétés d'agriculture, etc.; témoignage parfaitement compétent, et d'autant moins suspect, qu'il émane des intéressés, et qu'ici les intéressés appartenaient, au degré le plus éminent, à la classe des conservateurs.

A la chambre des députés, parmi ceux qui s'occupèrent de la question, ce travail ne produisit pas moins d'impression et n'emporta pas moins d'autorité. Plusieurs députés, qui ont eu la sincérité de l'avouer, apprirent là la question et y trouvèrent les éléments de discours qui furent remarqués et qui exercèrent de l'influence. Le rapporteur lui-même, M. Gaulthier de Rumilly, s'en appropria les idées principales pour en faire les bases du rapport qu'il présenta, et nous croyons savoir que, depuis, il s'est empressé de reconnaître les emprunts qu'il avait faits au travail de Louis-Napoléon et d'en rendre hommage à l'auteur dans un sentiment parfait, et particulièrement délicat ici, de justice.

L'idée du neveu de l'Empereur sur la question est la conciliation de l'intérêt colonial et de l'intérêt indigène, et la coexistence des deux sucres. Ce que nous venons de dire nous dispense d'ajouter que cette idée est développée avec un sens tout à fait élevé des faits économiques qui s'y rapportent et une rare vigueur de démonstration.

Extinction du paupérisme. — Cet écrit, qui forme une brochure de 60 pages, est le développement du *desideratum* consigné par Louis-Napoléon dans le projet de constitution qui fut son début d'écrivain :

« La société doit la subsistance aux citoyens malheureux, « soit en leur procurant du travail, soit en procurant les « moyens d'exister à ceux qui sont hors d'état de travailler. »

Le travail de Louis-Napoléon sur le paupérisme n'est point un roman comme on en a tant fait sur la question, et comme on en fait encore tous les jours. Il est le résultat de sympathies très-chaleureuses pour les souffrances de la classe pauvre, mais il est pratique et sérieux. La solution qu'il propose peut être rendue féconde quand on le voudra, et n'est subordonnée à aucune transformation, plus ou moins impossible, du monde tel qu'il va. Elle ne promet, ni des châteaux à ceux qui n'ont pas de toit, ni de fabuleuses jouissances à ceux qui manquent de pain, ni la rédemption du travail à ceux qui ont besoin de travailler pour vivre ; elle ne fonde pas l'avenir des classes pauvres sur un aussi téméraire enjeu. Elle va au plus pressé, et donne le moyen tout simple, mais immédiat, de garantir la suffisance à ceux qui ne l'ont pas ou qui sont menacés de ne pas l'avoir toujours.

Voici en quoi cette solution consiste :

L'auteur propose de fonder des colonies agricoles, en leur attribuant pour dotation et pour territoire toutes les terres incultes que renferme la France, et en les organisant avec la destination de recevoir pour leur exploitation toutes les forces disponibles et inoccupées qui constituent le paupérisme.

Cette idée, dont on peut juger tout à la fois l'efficacité et la facilité d'application, est appuyée de considérations, de chiffres et de calculs qui méritent d'être consultés et qui le seront avec utilité par tous ceux qui étudient la question du paupérisme.

Cette brochure du neveu de l'Empereur a provoqué la rédaction d'une lettre de remercîments, qui lui a été adressée de Paris, au nom des ouvriers, par un grand nombre d'entre eux.

La réponse de Louis-Napoléon à cette manifestation caractérise l'esprit qui l'anime dans ces questions et en cette matière.

« Un témoignage de sympathies de la part d'hommes du peuple, dit-il, me semble cent fois plus précieux que ces flatteries officielles que prodiguent aux puissants les soutiens de tous les régimes. Aussi m'efforcerai-je toujours de mériter les éloges et de travailler dans les intérêts de cette immense majorité du peuple, qui n'a aujourd'hui ni droits politiques, ni bien-être assuré, quoiqu'elle soit la source reconnue de tous les droits et de toutes les richesses. »

Le passé et l'avenir de l'artillerie. — Ici nous empiétons sur l'avenir. Il s'agit d'un ouvrage qui n'est encore que sous presse, et dont nous ne pouvons parler que sur des renseignements puisés dans une table analytique que par hasard nous avons rencontrée et que nous avons pu parcourir. Cet ouvrage paraît devoir être un ouvrage capital pour Louis-Napoléon et pour la matière dont il traite. Il se composera de 3 volumes in-4°.

Le premier volume sera consacré à déterminer l'influence exercée par l'artillerie sur les opérations militaires des peuples depuis l'invention de la poudre jusqu'à nos jours. L'auteur divise son sujet en périodes historiques qui sont elles-mêmes divisées en deux chapitres, l'un traitant des batailles, et l'autre des siéges. Dans cet immense cadre, toutes les batailles et tous les siéges mémorables sont appréciés et tous les faits de quelque importance soumis à une haute et complète critique.

Le second volume formera la partie technique de l'ouvrage. Il doit contenir l'histoire des armes à feu depuis leur origine; leur description, leur nomenclature et leur emploi à toutes les époques; l'histoire des projectiles, leur fabrication, leur variété et leur application; l'histoire des spécialités et de leurs perfectionnements. Il est impossible, à moins d'en avoir parcouru les sommaires, de se faire une idée de la patience, de l'érudition et de l'exactitude qu'a dû imposer à son auteur l'accomplissement d'un tel travail sur une telle échelle.

Le troisième volume est réservé par l'auteur à l'émission de ses propres idées sur l'avenir de l'artillerie, au double point de vue de son influence générale et de sa technologie, à la discussion des modifications et des perfectionnements qu'il indique et qu'il croit possibles, et aux planches qui, en grand nombre, très-rigoureusement et très-laborieusement faites par lui, constituent une partie essentielle de son travail.

On dit que Louis-Napoléon s'est depuis plusieurs années consacré à réunir les éléments de cet ouvrage. Des livres et manuscrits ont été pris pour lui à la bibliothèque nationale lorsqu'il était au fort de Ham. Le ministre de l'instruction publique s'est prêté à ces déplacements avec une facilité qui l'honore. Louis-Napoléon avait fait aussi demander au dépôt du ministère de la guerre communication de quelques documents, qui lui ont été refusés par M. Soult, en cela autrement inspiré que M. Villemain, quoique ancien lieutenant de l'Empereur et ayant assez profité peut-être des faveurs de l'oncle pour pouvoir sans remords accorder au neveu une chose aussi parfaitement inoffensive. En somme, nous avons entendu assurer que Louis-Napoléon avait dû dépouiller au delà de cinq cents manuscrits de tous les siècles, consulter un nombre de livres anciens et nouveaux dont le chiffre est assez élevé pour qu'on ne les compte pas, et déployer une puissance d'assiduité et d'investigation digne d'un Bénédictin.

Mélanges. — Louis-Napoléon a peut-être autant d'écrits épars qu'il en a de réunis et de publiés en volumes ou en brochures.

Ces écrits épars, différents de sujet comme d'intérêt, peuvent être ramenés à trois groupes :

1° Ou ce sont des lettres publiées ou [devenues publiques, sur la politique, sur l'histoire, sur la position personnelle de Louis-Napoléon, et sur les événements auxquels il a pris part;

2° Ou ce sont des traductions de l'italien et de l'allemand, des fragments de Schiller, entre autres, qui est un de ses auteurs de prédilection ;

3° Ou ce sont des articles insérés dans divers journaux, et surtout dans le *Progrès du Pas-de-Calais*, dont l'hospitalière publicité lui a été ouverte, par M. Frédéric Degeorge, avec une noble indépendance d'esprit, à un moment où beaucoup avaient la pensée peu généreuse qu'un Bonaparte, homme de cœur et de talent, pouvait être de trop en France, et à la collaboration duquel Louis-Napoléon a pris une part fréquente et sans coquetterie, luttant comme un soldat, tantôt armé d'un article plus remarquable, tantôt d'un article qui l'était moins, tantôt d'une simple note, et comprenant que, dans l'incessante et dévorante mêlée de la presse, les jours de moindre force ne sont, à bien les considérer, que les jours de repos des hommes forts.

L'ensemble de tous ces travaux, nous pouvons le dire, prouve, à part toute préoccupation politique favorable ou contraire, que Louis-Napoléon Bonaparte peut être compté parmi les notabilités intellectuelles les plus légitimes de ce temps-ci ; et, à la seule condition de lire avec attention ses ouvrages, on se convaincra qu'aucun homme de son âge n'a plus écrit que lui, sur plus de matières diverses, avec plus de fertilité d'idées, avec plus d'instruction solide, avec plus de gravité d'esprit, avec plus de continuité et d'application.

La calomnie systématique était à l'ordre du jour sous le dernier gouvernement, lorsqu'il s'agissait de Louis-Napoléon, et la révolution de février, c'est triste à dire, ne nous a rien fait gagner sous ce rapport. Les journaux les plus sérieux accueillent encore avec empressement les fables absurdes qu'il plaît à la malveillance de mettre en avant sur son compte. Le silence est la seule réponse que l'on puisse faire à de semblables attaques ; cependant, afin de donner une idée de leur loyauté, nous reproduisons ici un article que nous trouvons dans le numéro du 24 juin 1848 de l'Observateur français et qui rectifie un fait que depuis huit ans on s'est plu à dénaturer :

« On a beaucoup parlé de l'aigle que le prince Louis-Napoléon avait sur le bateau à vapeur qui le conduisit à Boulogne.

« Voici la vérité à ce sujet :

« Le bateau à vapeur qui devait porter Louis-Napoléon et ses compagnons à Boulogne devait prendre à son bord à

Gravesend le colonel Parquin et le commandant Mesonan ; le prince devait aussi s'embarquer à cet endroit, mais le dernier de tous. M. Parquin se promenait sur la plage, attendant Louis-Napoléon, lorsque, rencontrant une femme qui tenait un aigle en cage, il l'acheta pour 25 francs et le fit mettre sur le bateau à vapeur, croyant par là faire une agréable surprise à Louis-Napoléon ; mais lorsque celui-ci vint à bord et qu'il aperçut cet immense oiseau sur le pont, il en fut si contrarié qu'il ordonna à l'instant même qu'on le jetât à l'eau ; au moment où cet ordre allait être exécuté, les personnes de la suite du prince le prièrent de l'empêcher, prétendant, par une sorte de superstition, que cela lui porterait malheur. L'aigle obtint sa grâce, et fut relégué sous la voiture dans un coin du bateau. Voilà ce que soixante personnes ont vu et peuvent affirmer. »

ON TROUVE

Rue Neuve-des-Petits-Champs, 36.

Œuvres complètes de Louis-Napoléon Bonaparte (deux volumes)............ Prix : 8 fr.

Réponse de Louis-Napoléon Bonaparte à M Lamartine.................... Prix : 25 c.

Extinction du paupérisme. (4ᵉ édit.)... Prix : 40 c.

Évasion de Louis-Napoléon Bonaparte. Prix : 15 c.

Procès du docteur Conneau, après l'évasion de Louis-Napoléon Bonaparte. Prix : 25 c.

Portrait de Louis-Napoléon Bonaparte. Prix : 10 c.

Vue du cabinet de travail de Louis-Napoléon Bonaparte, dans la citadelle de Ham................. Prix : 10 c.

Portrait du docteur Conneau........ Prix : 10 c.

Ouvrages de Louis-Napoléon Bonaparte.

Rêveries politiques, publiées en............ 1832.

Considérations politiques et militaires sur la Suisse..................... 1833.

Manuel d'artillerie..................... 1835.

Idées Napoléoniennes.................. 1839.

Fragments historiques................. 1841.

Analyse de la question des sucres...... 1842.

Extinction du paupérisme.............. 1845.

Le passé et l'avenir de l'artillerie (3 volumes in-4°)................... 1846.

Un volume de Mélanges................

Un nouvel ouvrage de Louis-Napoléon est sous presse : il paraîtra très-prochainement.

Paris. Paul Dupont